MÜNSTERSCHWARZACHER KLEINSCHRIFTEN

herausgegeben
von den Mönchen der Abtei Münsterschwarzach

Band 63

Robert Faricy, S. J.
Robert J. Wicks

Jesus betrachten

VIER-TÜRME-VERLAG MÜNSTERSCHWARZACH
1990

Robert Faricy, S.J.
Robert J. Wicks

Jesus betrachten

Gedanken und Hilfen zur Kontemplation

VIER-TÜRME-VERLAG, MÜNSTERSCHWARZACH
1990

Titel der englischen Originalausgabe:
Contemplating Jesus
Robert Faricy, S. J.
and Robert J. Wicks

CIP-Titelaufnahme der Deutschen Bibliothek
Faricy, Robert:
Jesus betrachten:
Gedanken und Hilfen zur Kontemplation /
Robert Faricy ; Robert J. Wicks.
[Übers.: Ursula Kluitmann]. –
Münsterschwarzach : Vier-Türme-Verlag, 1990
(Münsterschwarzacher Kleinschriften ; Bd. 63)
ISBN 3-87868-416-9
NE: GT

Gesamtherstellung: Vier-Türme-Verlag, D-8711 Münsterschwarzach

ISSN 0171-6360
ISBN 3-87868-416-9

INHALT

Vorwort 7

Was ist Kontemplation? 8

Wenn Kontemplation auf einer Beziehung mit Jesus beruht und eine Erkenntnis seiner selbst in Liebe einschließt, was bedeutet das dann für die von uns, die kontemplativ sein möchten? 12

Was bedeutet es, zu sagen „Jesus liebt mich, und Jesus liebt dich"? 14

Wie liebt Jesus mich? 14

Jeder ist also zum Wachstum in Heiligkeit berufen. Sollen wir auch alle kontemplativ sein? 17

Wie ist das, wenn ich kontemplativ bete? Was empfinde ich dann? 18

Was sind ein paar Wege der Kontemplation? 21

Was kann ich von Maria als Modell und Lehrerin der Kontemplation lernen? 28

Wie gehe ich mit Zerstreuungen in der Kontemplation um? 35

Woher kommen Dunkelheit und Trockenheit in der Kontemplation, und was sollte ich tun, wenn ich sie erfahre 37

Ein paar abschließende Worte über Kontemplation 38

Gebet um die Gabe der Kontemplation 39

Weitere Lektürevorschläge 39

Vorwort der Übersetzerin

Die Grundlage dieses Buches ist ein Vortrag, der – in den USA gehalten – ein über alle Erwartungen großes Interesse fand. Pater Robert Faricy, S.J., der in Rom an der Päpstlichen Universität Gregoriana Spiritualität lehrt, sprach über Kontemplation – als Hilfe für die, die selbst über das kontemplative* Gebet einen (neuen) Zugang zu Gott suchen, und für solche, die anderen bei dieser Suche helfen. In Zusammenarbeit mit Robert Wicks, Direktor des Graduierten-Programms für Einzelseelsorge am Neumann-Kolleg in Aston, Pennsylvania, entstand dieses Buch, um die Gedanken des Vortrags einem weiteren Kreis zugänglich zu machen.

Der Grund für eine Übersetzung gerade dieses Buches in die deutsche Sprache ist nicht, daß hier eine theoretische Theologie der Kontemplation dargelegt würde, erst recht keine vollständige. Es wurde übersetzt, weil es in seiner Form, in Umfang und Sprache, Wesentliches mit der Kontemplation gemeinsam hat: Es erfordert nicht mehr Zeit, als einem

* Ich habe das englische „contemplation“ und seine Ableitungen i.A. mit „Kontemplation“ und „kontemplativ“ wiedergegeben. Die Verbform „kontemplieren“ habe ich vermieden, da ich sie für unüblich halte. Gelegentlich habe ich auch mit „Betrachtung“ (und den entsprechenden Ableitungen) übersetzt. Die Klärung der in der Literatur uneinheitlichen Abgrenzung zwischen „Meditation“, „Kontemplation“ und „Betrachtung“ kann und soll hier nicht erfolgen.

heutigen Menschen zur Verfügung steht, es ist für jeden verständlich, sehr einfach, fast spröde. Es ist unkompliziert – und ungemein fordernd.
In seiner knappen, auf das Wesentliche beschränkten Form ist es an keine bestimmte Kultur gebunden, aber in seiner ansprechenden Einfachheit gerade für unsere Kultur hilfreich. Vielleicht kann in diesem Buch auch anderen deutlich werden, was uns verloren zu gehen droht.

Wurde das Buch geschrieben, um Mut zu machen, sich in der Kontemplation auf Gott einzulassen, so wurde es übersetzt, weil ihm das zumindest einmal gelungen ist. Daher gilt mein Dank neben allen, die den Boden dafür bereitet haben, daß dieses Thema mir etwas bedeuten kann, neben allen, die betend und mit kritischen und anregenden Gedanken bei der Arbeit geholfen haben, vor allem den Autoren selbst.

Die Übersetzung verbindet sich mit der Hoffnung, daß dieses Buch weniger ein Lehr- oder Lesebuch als vielmehr ein Gebetbuch wird.

Ursula Kluitmann

Was ist Kontemplation?

Um richtig zu verstehen, was Kontemplation ist, ist es hilfreich zu wissen, was sie nicht ist: Kontemplation ist kein Gebet im Sinne des Ausdrucks von Gedanken, kein Nachdenken über das Evangelium mit einer Anwendung auf mein eigenes Leben. Ebensowenig ist es ein Nachdenken über den Herrn, nicht einmal ein Gespräch mit ihm mit eigenen Worten.

Im Grunde genommen ist Kontemplation ein Beten ohne Konzept, begriffslos, vorstellungslos. In der Kontemplation verbringe ich Zeit mit Jesus. Ruhig und still bin ich mit dem zusammen, den ich liebe, mit dem, der mich liebt. Nicht etwa, daß ICH versuchen würde, etwas zu tun – ICH tue sehr wenig. Es ist SEINE Zeit. Ich lasse mich von ihm führen, lasse ihn mit dieser Zeit tun, was er will.

Kontemplation bedeutet nicht, daß ich denke oder viel spreche. Manche Menschen beten, als seien sie besserwissende Beifahrer in einem Wagen, in dem der Herr hinter dem Steuer sitzt. Sie geben dem Herrn unentwegt Anweisungen und versuchen, einflußreich mit Worten und Taten zu sein, obwohl sie eigentlich den Vorgang der Kontemplation gar nicht kontrollieren können. Tatsächlich ginge es ihnen in ihrer Kontemplation besser, wenn sie stiller wären und den Herrn führen ließen.

Gebet ist Gespräch mit Gott. Aber in der Kontemplation bedarf das Gespräch nicht vieler Worte. Es ist ein irgendwie dunkles, konturloses Gespräch. Es ist so, wie wenn ich mit jemandem zusammen bin, den ich liebe. Wenn ich mit jemandem zusammen bin, den ich liebe, brauche ich nicht viele Worte zu machen. Wenn du mich fragst, was ich mache, werde ich ganz schön zu tun haben, es dir zu erklären. Alles was ich weiß, ist, daß ich bei jemandem bin, den ich liebe, daß dieser Mensch bei mir ist, mich liebt und ich ihn. So einfach ist das. Dasselbe kann man vom Zusammensein mit Jesus in der Kontemplation sagen.

Kontemplatives Gebet ist auch eine Beziehung. Gott steht im Alten Testament mit seinem Volk in Beziehung und im Neuen Testament Jesus mit der Kirche (Eph 5). Genauso wie die Kirche mit Jesus in Beziehung steht, so stehe auch ich als Christ mit ihm in Beziehung.

In der Kontemplation werde ich mir dieser Beziehung zu Jesus stärker bewußt. Indem mir die Beziehung bewußter wird, wird sie menschlicher. In der Kontemplation nehme ich den Herrn ausdrücklich ernst und lasse anderes beiseite. Ich bekenne seine Liebe und zeige mich dankbar, indem ich ihn so gut wiederzulieben versuche, wie ich es vermag.

In der Kontemplation liegt die Betonung auf die Erfahrung unserer Beziehung. Das heißt, daß ich in der Kontemplation nicht nur allein dasitze – zu Hause, in der Kapelle, in der Ekke eines Raumes –, sondern ich sitze alleine mit Jesus. In der Kontemplation trete ich in eine tiefere Beziehung zu ihm. Mehr als daß ich versuche, etwas über Jesus zu wissen (was eben in Studium, Nachdenken, Meditation angestrebt wird), versuche ich, Jesus persönlich kennenzulernen, ihn zu erfahren. Und diese Erkenntnis Jesu in der Erfahrung ist etwas, das nur er allein geben kann.

Kontemplation ist also die Gabe, Jesus als Person kennenzulernen, die Gabe, mit ihm in Stille und Liebe alleinzusein. Es geht mir nicht bloß um ein Wissen über Jesus, sondern um eine Erkenntnis Jesu durch Liebe. Das ist es eigentlich, wie ich den Herrn in diesem Leben kennenlerne: ich erkenne ihn in Liebe, und diese Liebe heißt Heiliger Geist. Letztlich ist der Heilige Geist die gegenseitige Liebe zwischen Jesus und dem Vater. Der Vater liebt Jesus, Jesus liebt den Vater, und diese gegenseitige Liebe ist eine Person. Diese Person ist der Heilige Geist, der in mein Herz gesandt ist, um mich mit dem Vater und dem Sohn zu verbinden. Das Ergebnis ist: Durch den Heiligen Geist, der Liebe ist, stehe ich mit Gott in Beziehung.

Wenn Kontemplation auf einer Beziehung mit Jesus beruht und eine Erkenntnis seiner selbst in Liebe einschließt, was bedeutet das dann für die von uns, die kontemplativ sein möchten?

Vor allem schließt Kontemplation Liebe zu Jesus ein. Daher bedeutet Kontemplation auch immer, daß ich mich Jesus übergebe, daß ich mich an ihn binde und so eine Verpflichtung eingehe. Verglichen mit Jesu Liebe zu mir ist meine Liebe sehr gering. Jeder weiß das. Wenn ich ein Leben kontemplativen Gebetes anstrebe, muß ich ein gewisses Maß an Verpflichtung auf mich nehmen. Ich muß meiner Liebe zu Jesus eine konkrete Form geben. Denn Liebe zeigt sich mehr in Taten als in Worten; in Taten, das soll heißen, daß ich jeden Tag Zeit für den Herrn haben muß – eine halbe Stunde, eine dreiviertel Stunde, eine Stunde – nur um im persönlichen Gebet beim Herrn zu sein.

Wenn ich den Herrn wahrhaft liebe, bin ich ihm verpflichtet und möchte in der Gemeinschaft mit ihm wachsen. Meine Bindung an ihn muß stark genug sein, um ihm jeden Tag eine spürbare Menge stiller Zeit zu geben. Liebe ist ein Ausdruck von Treue. Es ist sicher richtig, dem Herrn zu sagen, daß ich ihn liebe, und vielleicht tue ich das nicht genug. Aber wahrhafte Liebe zeigt sich in Treue. Die Art der Treue, die der Herr von mir erwartet, zeigt sich darin, daß ich wirklich jeden Tag etwas Zeit mit ihm verbringe. Es ist wichtig!

Ich erkenne Jesus an und in seiner Liebe. Er liebt mich. Jesus liebt jeden von uns persönlich. Jesus kennt meinen Namen. ER weiß alles über mich: alle meine Sünden, alle meine Fehler, alle meine guten Seiten, alle meine Hoffnungen. Er kennt meine Vergangenheit, meine Gegenwart und meine Zukunft und akzeptiert mich ohne jede Bedingung. Er sagt nicht: „Ich liebe dich mehr, wenn du besser bist." Er sagt nicht: „Verändere dich, und ich werde dich mehr lieben". Alles was er sagt, ist: „Ich liebe dich so, wie du bist. Ich würde dich weniger lieben, wenn du anders wärst." Jesus sah dich und mich von Anfang an – gerade so, wie wir jetzt sind. Er suchte uns genau so aus all' den Möglichkeiten aus, in denen er uns hätte schaffen können.

Jesus liebt mich. Er liebt mich nicht, weil ich so großartig wäre; er liebt mich, weil ich es nicht bin. Er ist nicht gekommen, die Gerechten zu retten. Er liebt mich nicht *trotz* meiner Sündhaftigkeit, sondern zum Teil gerade *wegen* meiner Schwachheit und Sündhaftigkeit. Sie ist ein Wesenszug in mir, dem er mit seinem Mitleid, seinem Mit-Leiden, antwortet. Meine Schwachheit und Sündhaftigkeit bilden eine „Öffnung", eine „Tür" für seine erlösende Liebe.

Was bedeutet es, zu sagen „Jesus liebt mich, und Jesus liebt dich"?

Diese Frage zu stellen ist wichtig, weil es die Liebe ist, durch die ich Jesus in der Kontemplation erkenne. Kontemplation ist, wie eben festgestellt, Erkenntnis durch Liebe. Durch die Liebe, mit der Jesus mich liebt, kenne ich ihn. Ich kenne ihn als den, der mich über alle Maßen liebt und bis ins Letzte voll und ganz ernst nimmt. Und ich weiß, daß ich als Antwort auf diese Erkenntnis berufen bin, ihn ernst zu nehmen, ihn so wiederzulieben, daß darin deutlich wird, daß ich seine Liebe in Dankbarkeit annehme.

Wie liebt Jesus mich?

Einer der besten Wege herauszufinden, wie Jesus mich liebt, ist, mir anzusehen, was er über Liebe sagt. Er spricht in der Bergpredigt über Liebe. Dort sehe ich, wie die Liebe aussieht, die Jesus von mir erwartet, und das kann ich auf seine Liebe zu mir übertragen.

Im sechsten Kapitel des Lukas-Evangeliums sagt Jesus: „Richtet nicht, dann werdet auch ihr nicht gerichtet werden." Daraus schließe ich, daß Jesus mich nicht richten wird.
„Verurteilt nicht, dann werdet auch ihr nicht verurteilt." Daraus schließe ich, daß Jesus mich nicht verurteilt. Vielleicht ist das, was ich getan habe, so scheußlich, daß ich es sogar aus meinem Bewußtsein verbannt habe und es

mich nicht einmal mehr zu berühren scheint. Aber in meiner letzten Tiefe denke ich: „Wie könnte er das je vergeben?“ Nun, er tut es! Er richtet mich nicht, und er verurteilt mich nicht.

Er sagt: „Erlaßt einander die Schuld, dann wird auch euch die Schuld erlassen werden.“ Daraus schließe ich, daß Jesus mir die Schuld erläßt, daß er vergibt. Gleichgültig wie oft ich sündige, er vergibt mir.

Er sagt auch: „Gebt, dann wird auch euch gegeben werden. In reichem, vollem, gehäuftem, überfließendem Maß wird man euch beschenken.“ Daraus schließe ich, daß Jesus mir gibt. Aber was gibt er mir? Sich selbst! Er hat sein Leben für mich gegeben, als sei ich der einzige Mensch auf der ganzen Welt. Auch wenn nur ich auf der Welt wäre, so wäre er trotzdem gekommen und um meines Heiles willen gestorben. Das ist die Liebe, mit der er mich liebt, eine Liebe, die sich selbst hingibt.

Der heilige Paulus spricht im Brief an die Korinther davon, was Liebe ist (1 Kor 13,4–7). Es ist hilfreich, sich diese Passage anzusehen, weil sie auch die Liebe beschreibt, mit der Jesus dich und micht liebt:

„Die Liebe ist langmütig, die Liebe ist gütig. Sie ereifert sich nicht, sie prahlt nicht, sie bläht sich nicht auf. Sie handelt nicht ungehörig, sucht nicht ihren Vorteil, läßt sich nicht zum Zorn reizen, trägt das Böse nicht nach. Sie freut sich nicht über das Unrecht, sondern freut sich an der Wahrheit. Sie erträgt alles, glaubt alles, hofft alles, hält allem stand.“

Genau auf diese Weise liebt Jesus mich . . liebt er DICH!
Ich weiß aus der Lehre der Kirche, daß Jesus Gott ist, und ich weiß aus dem Johannes-Evangelium, daß Gott die Liebe ist. Daher ist es theologisch richtig, zu sagen, daß Jesus die Liebe ist. Wenn Jesus Liebe ist, kann ich statt „Liebe“ den Namen „Jesus“ in den Text einsetzen. Was das bedeutet und wie wichtig das ist, spüre ich, wenn ich den Abschnitt mit dieser Einsetzung noch einmal lese, denn dann bekomme ich einen persönlichen Eindruck von Jesus und seiner Liebe zu mir. Die Antwort auf die Frage „Wie liebt Jesus mich?“ wird außerordentlich klar:
„Jesus ist langmütig, Jesus ist gütig. Er ereifert sich nicht, er prahlt nicht, er bläht sich nicht auf. Er handelt nicht ungehörig, sucht nicht seinen Vorteil, läßt sich nicht zum Zorn reizen, trägt das Böse nicht nach. Er freut sich nicht über das Unrecht, sondern freut sich an der Wahrheit. Er erträgt alles, glaubt alles, hofft alles, hält allem stand.“
Herr Jesus, ich danke dir, daß du langmütig und gütig mit mir bist, daß du es mit mir aushältst, an mich glaubst, deine Hoffnung auf mich setzt, daß du mir treu bist, gleich wie untreu ich war. Ich danke dir, Herr, daß du nicht auf deinem eigenen Weg bestehst. Ich danke dir, Herr, daß du nicht gereizt bist oder ärgerlich mit mir. Ich bitte dich, Herr, mir zu helfen, dir näher zu sein. Besonders bitte ich dich, mir die Gnade des Gebetes zu schenken, besonders die Gabe der Kontemplation, damit ich dich besser in Liebe erkenne, dich um so mehr lieben und dir nachfolgen kann. Amen.

In der Kontemplation ist das Herz wichtig, nicht so sehr der Kopf. Die Hauptsache ist es zu lieben. Je mehr ich in der Gemeinschaft mit Jesus wachse – vor allem durch das kontemplative Gebet – desto mehr wachse ich in der Fähigkeit, zu lieben und Liebe zu empfangen. Er will, daß ich heilig sei – „Ihr sollt also vollkommen sein, wie es auch euer himmlischer Vater ist". Wie werde ich heilig? Ich werde heilig, indem ich in der Fähigkeit wachse, andere zu lieben und Liebe von anderen zu empfangen – besonders vom Herrn. Ich wachse im Kontakt mit anderen Menschen und indem ich mein Bestes versuche – in meiner Familie, bei denen, mit denen ich arbeite, spiele, lebe. Wie auch immer: Die Hauptquelle dieses Wachstums ist das kontemplative Gebet, stille, liebevolle Gemeinschaft mit Jesus. Hier wachse ich wahrhaft in meiner Fähigkeit, Liebe zu geben und Liebe zu empfangen.

Jeder ist also zum Wachstum in Heiligkeit berufen. Sollen wir auch alle kontemplativ sein?

Ja, alle reifen Menschen sind zur Kontemplation berufen. Es gab eine Zeit, in der Theologen darüber diskutierten. Nun scheint Einmütigkeit in dieser Frage zu herrschen: Alle Christen sind zum kontemplativen Gebet berufen. Viele von uns meinen, sie seien nicht der Typ dazu. Doch obwohl viele von uns nicht die Art Mensch zu sein scheinen, an die du denkst, wenn du das Wort „Kontemplation“ hörst, können alle die Gabe der Kontemplation empfangen. Das gilt sogar für die Überaktiven und Lebhaften, die keine zehn Minuten still sitzen können. Ich muß gewiß nicht phlegmatisch sein, um kontemplativ zu sein. Der Herr wird jeden ruhig machen, der darum bittet, so daß er oder sie kontemplativ beten kann. Der Herr gibt die Gabe der Kontemplation, wem immer er will – und er will sie jedem geben, bietet sie jedem an. Ich kann ihn jetzt um diese Gabe bitten: „Herr, ich bin nicht sehr kontemplativ. Ich weiß nicht, wie ich beten soll. Lehre mich beten, gib mir die Gabe der Kontemplation.“ Und dann beginne ich, eine bestimmte Zeit jeden Tag darin zu investieren, in Liebe bei Jesus zu sein und schaue, was passiert. Die simple Wahrheit ist: Wenn ich ihn um die Gabe bitte, wird er sie mir geben – auf seine Art und zu seiner Zeit.

Wie ist das, wenn ich kontemplativ bete? Was empfinde ich dann?

Der heilige Ignatius von Loyola hilft, auf diese Frage eine Antwort zu finden, wenn er uns ein Kriterium für das Gebet gibt. Dieses Kriterium nennt er „Trost“. Er meint damit eine gewisse Leichtigkeit in der Verbindung mit dem Herrn. Mit „Trost“ im Gebet umschreibt Ignatius, daß ich das Gefühl habe, daß meine Beziehung zum Herrn „stimmt“. Trost empfinden bedeutet, im Gebet Harmonie, Frieden, Leichtigkeit in der Verbindung zum Herrn, Fröhlichkeit und Freude empfinden. Lautes Lachen und Freudentränen können Ausdruck des Trostes sein.

Als Minimum meint Trost eine gewisse „Richtigkeit" oder, mit anderen Worten: Ich bin gewiß, daß der Herr da ist. Ich mag vielleicht im Dunkel sein. Es mag sein, daß ich die Gegenwart des Herrn nicht spüre, daß ich keine innere Ahnung von seiner Anwesenheit habe, aber ich weiß, daß er da ist. Mein Gebet mag ziemlich trocken, ziemlich dunkel sein. Wenn ich bete, fühle ich mich niedergeschlagen. Wenn ich versuche, etwas zu sagen, hört es sich schrecklich an. Wenn ich die Bibel lese, scheint sie nicht allzuviel zu sagen. Es scheint alles Zeitverschwendung zu sein. Es sieht aus, als säße ich in einer Kapelle, und nichts passierte, säße in meinem Zimmer, und nichts geschähe. Aber ich weiß, der Herr ist da! Es ist da ein grundlegender, fundamentaler Friede. Es ist da im Letzten eine Leichtigkeit im Zusammensein mit dem Herrn. Ich bin ruhig in der Gegenwart des Herrn, weil ich weiß, daß er da ist. Ich weiß, daß er mich liebt, und das genügt mir. Er wirkt, auch wenn ich es nicht merke, und er freut sich an mir. Die Arbeit, die er an mir tut, die Freude, die er an mir hat, trägt Früchte in mir, selbst dann, wenn ich mir dieser Früchte nicht bewußt bin.

Vielleicht bin ich auch froh, glücklich, fröhlich, vielleicht habe ich das Bewußtsein der Gegenwart des Herrn. Aber das ist nicht wichtig. Wichtig ist der grundlegende Friede, den der Herr gibt. Ich kann in der Kontemplation sein, wenn „die Lichter an sind", ich den Herrn erfahren und mich großartig fühle.

Ich kann aber auch in einer dunklen Kontemplation sein. Der gleiche Mensch wird verschiedene Arten von Kontemplation in verschiedenen Phasen seines Lebens erfahren. Verschiedenes für verschiedene Menschen, und Verschiedenes für den gleichen zu verschiedenen Zeiten! Auf jeden Fall ist das Wichtige beim kontemplativen Gebet, daß der Herr da ist und daß ich da bin. Ich brauche nicht viel zu sagen. Er tut die Arbeit. Der Herr führt. Beten ist ein bißchen wie Tanzen. Der Herr führt, ich mache mit. Mein Teil in der Kontemplation ist der passive. Ich entscheide nicht über die Art der kontemplativen Erfahrung. Oder, noch einmal mit dem Vergleich des Tanzens: Ich entscheide nicht, ob die Musik lebhaft oder langsam, leicht oder traurig ist. Ich überlasse es dem Herrn. Er übernimmt den aktiven Teil. Ich folge ihm. Wenn er „Walzer tanzt", will ich keine „Rumba". Ich will alles so machen, wie er will. Dafür muß ich mich entspannen, mich der Spontaneität öffnen und darf nicht versuchen, den Herrn zu programmieren.

Ich kann meine Kontemplation mit dem Herrn vorbereiten. Wenn ich aber alles Schritt für Schritt geplant habe und erwarte, daß er allen diesen „Schritten" folgt, dann könnte es sein, daß er es nicht tut. Er könnte zwar auch so vorgehen, wie ich es erwarte, aber darauf *zählen* kann und darf ich nicht. Der Herr führt, und ich habe mich so lieben zu lassen, wie er mich gerade lieben will. Daher lautet die Antwort auf die Frage „Was soll ich während der Kontemplation tun?" –

„Was immer mir die größte Leichtigkeit in der Beziehung zum Herrn gibt, was immer (Schriftlesung, Rosenkranzgebet. . .) mich jetzt gerade am meisten mit dem Herrn in Berührung bringt. Ich soll das tun, weil ich dann den Weg gehe, den er führt. Wie führt er mich? Indem er mir Leichtigkeit in der Beziehung zu ihm gibt und ein gewisses Gefühl von Richtigkeit und innerem Frieden in meiner Beziehung zu ihm.

Was sind ein paar Wege der Kontemplation?

Vor dem Blick auf einige Wege zur Kontemplation ist es unbedingt erforderlich, daß Klarheit darüber herrscht, daß nicht eine bestimmte Technik in der Kontemplation zählt – es ist Jesus, der zählt. Technik ist zweitrangig. Ich brauche letztlich gar keine Technik. Wenn ich mich nach Jesus sehne, gehe ich nur hin und bin irgendwo eine Zeitlang ruhig und fühle mein Herz mit dem tiefen Verlangen, eng mit ihm verbunden zu sein. Wenn Jesus alles ist, was ich ersehne, ist einige stille Zeit eigentlich alles, was ich brauche. Ich muß nur alles von mir abstreifen, all' den Ballast und so frei wie ich kann, einfach dasein und mich nach dem Herrn sehnen. Er wird den Rest erledigen. Er wird führen. Er wird mir zeigen, was zu tun ist. So müssen wir beim Blick auf einige hilfreiche Wege, um zur Kontemplation zu gelangen, im Hinterkopf behalten, daß die Methode zweitrangig ist. Erstrangig ist immer: mit Jesus zusammensein, ihn in Liebe ansehen.

Ein Weg zur Kontemplation, den manche gewöhnt sind, ist das, was man „Herzensgebet“ nennt. Dieses Gebet ist alles andere als neu. Es ist ausführlich dargestellt in dem Klassiker „Wolke des Nichtwissens“ aus dem 14. Jahrhundert. Es besteht aber kein Zweifel, daß seine Entstehung in frühere Zeiten zu datieren ist. Das Herzensgebet steht der östlichen Christenheit und dem Hesychasmus nah und besteht in erster Linie darin, daß ich ein Wort nehme, z.B. „Jesus“, und es still und sehr langsam in meinem Herzen wiederhole. So benutze ich das Wort als einen Weg, mich auf Jesus zu konzentrieren. Das Zentrum meines Gebetes ist dabei nicht der Name „Jesus“, sondern Jesus selbst. Diese Gebetsform ist ganz einfach. Ganze Bücher sind darüber geschrieben worden, aber tatsächlich ist es ganz simpel. Alles, was ich tue, ist, den Namen „Jesus“ sehr langsam in meinem Herzen sagen. Es ist sogar weniger, daß ich diesen Namen sage, als daß ich ihn gewissermaßen sich selbst leise in meinem Herzen sagen lasse.

Ein anderer Weg, um kontemplativ zu beten ist der, das Evangelium zu gebrauchen. Ich kann zum Beispiel das Tagesevangelium nehmen oder nach einem Bibelleseplan vorgehen oder ein Evangelium kontinuierlich lesen, immer jeweils einen Abschnitt. Ich lese nur ein paar Zeilen (fünf, sechs, zehn) und verwende sie nicht als Schriftstudium – obwohl auch das gut ist –, sondern ausdrücklich als einen Weg, mit Jesus in Beziehung zu treten.

Wenn ich so die Bibel lese, ist es nicht wichtig, daß ICH mich erinnere, was passierte, sondern daß Jesus sich erinnert. Ich bitte darum, ganz von Jesus aufgenommen zu werden. Dann kann er mir helfen, zu sehen, was dieser Text für unsere Beziehung bedeutet. Es geht also nicht um den wörtlichen Sinn des Textes. Es geht darum, Jesus kennenzulernen und den Text als einen Weg zu benutzen, auf dem ich zu Jesus gehen kann. Ich will, daß er mich aufnimmt in sich, damit er mir das zeigt, was er mir zeigen will, damit er mir helfen kann, die Beteiligten zu sehen, zu hören, was sie sagen, und damit ich so an dem, was geschah, selbst teilnehmen kann.

Vielleicht will Jesus mir auch gerade klarmachen, was der Text in Bezug auf unsere Beziehung aussagt. Vielleicht führt er mich auch dahin, daß ich einfach unsere Beziehung genieße, sie verkoste, indem ich still mit dem Text bei ihm bin – ohne Ideen oder Worte. Ich bin dann einfach beim Herrn.

Ich kann auch die Bibel als Herzensgebet benutzen. Ich lese den Text langsam, lasse vielleicht einige Zeit vergehen, um ihn in mich aufzunehmen. Dann kann ich die Bibel schließen und mich in den Text versenken, ohne darüber nachzudenken, ohne zu versuchen, ihn auf mein Leben anzuwenden. Ich kann mit den Begriffen des Textes ruhig und still zum Herrn gehen, mit dem Text vor ihm dasein. Und gleichzeitig kann ich den Namen

Jesu als Herzensgebet benutzen, ihn leise und langsam in meinem Herzen wiederholen.

Ein anderer Weg zur Kontemplation ist das Rosenkranzgebet. Der Rosenkranz ist im Grunde ein kontemplatives Gebet. Gleich wohin ich in der Welt reise, in jeder großen Stadt finde ich gewöhnlich ein oder zwei ältere Menschen irgendwo in einer Kirche, die gerade den Rosenkranz beten. Manche dieser Menschen haben eine sehr hohe Stufe des kontemplativen Gebetes erreicht. Sie haben zwar den Rosenkranz in der Hand und wissen, wie die einzelnen Gebete gehen, aber sie denken nicht an die einzelnen „Vater unser" und „Gegrüßet seist du Maria", die sie sprechen. Sie betrachten Jesus in den Geheimnissen seines Lebens, seines Todes und seiner Auferstehung. Sie sind in der Kontemplation. Um diesen Punkt zu erreichen, haben sie wahrscheinlich eine recht lange Zeit gebraucht. Mit der Gnade des Herrn, mit der Hilfe seines Heiligen Geistes, sehen sie nur noch den Herrn in Liebe an. So gebraucht ist der Rosenkranz ein guter Weg zur Kontemplation, zur Betrachtung des Herrn.

Ein anderer Weg zur Kontemplation, der nicht jedem liegt (und vielleicht sogar Abwehr bei einigen hervorruft), ist das Beten in Zungen. Zungenbeten ist ein Teil der charismatischen Bewegung. Es ist jedoch weithin unbekannt, daß diese Gebetsform absolut nicht auf diese Bewegung beschränkt ist. Viele Menschen, sogar viele, die sich nicht als Charismatiker bezeichnen würden, beten in Zungen als einem der Wege der Kontemplation. Hauptsächlich gehört das Beten oder Singen in Zungen in das persönliche Gebet des Einzelnen. Der heilige Paulus sagt im 14. Kapitel des ersten Briefes an die Korinther: „Wer in Zungen redet, redet nicht zu Menschen, sondern zu Gott." In der Regel hat das Zungenbeten (trotz seines segensreichen Gebrauchs in gemeinsamen Gottesdiensten) seinen Platz im persönlichen Gebet. In der Tat wirst du vielleicht überrascht sein, zu erfahren, daß viele, die in Zungen beten, nie bei einem charismatischen Gebetstreffen waren und auch nicht vorhaben, daran teilzunehmen. Wenn ich in Zungen bete, verstehe ich dann, was ich singe oder sage? Nein! Wenn ich in Zungen bete, spreche ich (vielleicht von ganz außergewöhnlichen Fällen abgesehen) keine wirkliche Sprache. Die Silben haben keine semantische Füllung, keinen Inhalt. Wenn ich in Zungen bete, sehe ich einfach in Liebe auf den Herrn und plappere mit ihm wie ein Baby, das noch nicht sprechen kann. Zungenbeten ist keine richtige Sprache wie z.B. Englisch oder Deutsch. Es ist im gleichen Sinn eine Sprache, wie Tanzen und Malen Sprachen sind. Zungenbeten ist zur Sprache gewordenen, vertonte Kontemplation. Genauso wie es eine stille Kontemplation gibt, in der ich Jesus still und liebend ansehe, genauso gibt es Formen der Kontemplation, die ihren Ausdruck in Sprache finden. Auch der Rosenkranz ist eine solche Form, das Zungenbeten ist eine andere. Zungenbeten ist laute Kontemplation. Es ist ein Weg, mich zu konzentrieren, genauso wie das Herzensgebet oder der Rosenkranz. Es ist ein Weg, Ablenkungen zu vermeiden. Es ist ein Weg, Jesus in Liebe ohne Gedanken oder Ideen anzusehen. Ich plappere einfach mit dem Herrn und sehe ihn in Liebe an, mehr nicht.

Wenn ich die Gabe des Zungenbetens haben möchte, sie aber nicht habe, wie bekomme ich sie dann? Grundsätzlich gibt es drei Kategorien von Menschen: erstens die, die in Zungen beten; zweitens die, die das Ganze absurd finden; drittens die, die nicht in Zungen beten, aber denken, daß sie gern so beten würden. Wenn ich in der dritten Gruppe bin, habe ich zwei Möglichkeiten. Die erste ist die, irgendwo hinzugehen, wo ich allein sein kann (vielleicht in mein Zimmer), mich hinzuknien und den Herrn um die Gabe des Zungenredens zu bitten. Wenn ich das getan habe, sehe ich Jesus voll Glauben liebevoll an, öffne meinen Mund und beginne, zu plappern oder zu singen, wie ein Baby, das noch nicht sprechen kann. Ich lasse es fließen, singe oder spreche in Zungen und sehe den Herrn in Liebe an, indem ich mit ihm plappere. Am Anfang wird mein Stolz vielleicht dazu führen, daß ich mir komisch vorkomme. Aber das geht vorüber! Ein anderer Zugang ist es, zu jemandem zu gehen, der diese Gabe hat, und ihn zu bitten, mit mir um diese Gabe zu beten. Zungengebet ist für viele eine gute Gebetsform. Viele haben einen wahren Durchbruch in ihrer Beziehung mit dem Herrn erlebt, nachdem sie diese Gabe erhalten haben.

Ein weiterer Weg zur Kontemplation ist es, deine Entscheidungen zu ihm zu tragen. Denke an die Entscheidungen, die anstehen. Trage das „Für und Wider“ zum Herrn und sitze dann einfach da, sieh Jesus an, und spüre, mit welcher Entscheidung, mit welcher Wahl du dich - so vor Jesus! – am wohlsten fühlst. Es ist ein Weg, der die Kontemplation mit der Entscheidung im Angesicht Jesu und seiner Wahl in dieser Sache verbindet.

Schließlich kann ich in der Kontemplation Jesus auch als den betrachten, der mich heilt. Ich kann meine Wunden und Schmerzen zu ihm tragen. Ich kann ihm meine negativen Gefühle bringen – auch die, die ihn und seine Beziehung zu mir betreffen! Ich kann meine innere Unruhe, meinen Ärger, meinen Unwillen, meine Angst oder sonst jedes negative Gefühl vor ihn bringen. Ich bringe all' das zum Herrn. Dabei brauche ich nichts zu sagen. Ich lasse es nur zu, daß er mich hält, seine Arme um mich legt, mich tröstet und heilt. Jesus als der Heiland ist stets bereit, mich zu heilen. Ich muß ihm mich nur ruhig öffnen, indem ich im kontemplativen Gebet bei ihm bin, seine Liebe zu empfangen versuche, ihm auf meine unbeholfene Art zu antworten versuche und mich von ihm in Liebe anschauen lasse, mit all' dem Wohlwollen, das er für mich empfindet.

Solche Wunden können als Zerstreuung in mein Gebet kommen. Vielleicht hat jemand mich verletzt, kürzlich oder in der ferneren Vergangenheit, und die Wunde kommt in meinem Gebet als Zerstreuung an die Oberfläche. Ich kann diesem Menschen in meinem Herzen vergeben. Daraufhin kann ich mich an den Herrn wenden und ihn bitten, die

Wunde zu heilen. Manchmal ist es schwierig, über innere Heilung zu sprechen, weil der Herr gelegentlich Wunden heilt, von denen ich gar nichts weiß. Bei Jesus sein, seine Liebe empfangen, mein Herz seiner Liebe öffnen, mich von ihm liebevoll ansehen lassen und ihn sozusagen seinen Arm um mich legen lassen, das ist Heilung, und das ist es, was ich tue, wenn ich Jesus betrachte, wenn ich kontemplativ bete. Selbst wenn ich nicht ausdrücklich um Heilung bete, ist die Kontemplation eine Erfahrung von Heilung. Jesus heilt mich durch seine Liebe. Das ist es, was er im Evangelium tut. Er treibt böse Geister aus, er heilt Menschen, er erweckt Tote zum Leben. Warum? Weil er sie liebt. Es ist seine Liebe, die Liebe, die der Heilige Geist ist, der Geist Jesu, die Liebe, die so machtvoll ist. Die Liebe, die Jesus mir entgegenbringt, ist machtvolle Liebe. Es ist mehr als ich brauche. Es ist mehr als er braucht, um mich zu heilen, mich heilig zu machen, mich im Gebetsleben zu leiten, mehr als nötig, um mir zu helfen, ein guter Christ und Jünger des Herrn zu sein. Alles was ich tun muß, ist: zu ihm zu gehen, ihn liebevoll mit den Augen des Herzens ansehen und ihn machen lassen – er wirkt.

Was kann ich von Maria als Modell und Lehrerin der Kontemplation lernen?

Wie man im Evangelium sieht, ist Maria sowohl Modell der Kontemplation als auch der Jüngerschaft. Die klassischen Aussagen des

Evangeliums über Maria stehen im ersten Teil des Lukas-Evangeliums. Wann immer Lukas in seinem Evangelium von Maria spricht, zeichnet er sie als die ideale Jüngerin. Maria ist nicht nur die Mutter Jesu, sie ist auch seine Schülerin – wie die Jünger. Das Zentrum der Jüngerschaft ist die Kontemplation. Diese Kontemplation hatte bei Maria viele Formen. Aber immer enthalten sie das grundlegende Element jeder Art kontemplativer Beziehung zu Jesus: Jesus in Liebe betrachten. Schauen wir uns barocke Krippenbilder des späten 17. und frühen 18. Jahrhunderts an, so sehen wir oft Darstellungen der heiligen Familie. Auf vielen davon sieht Maria Jesus liebevoll an. Das ist Kontemplation.

Auch in Kana – das Johannes-Evangelium berichtet uns darüber – sieht Maria Jesus an, aber in einer anderen Art der Kontemplation. Ihr Blick ist eine Klage, eine Bitte. Sie sagt zum Herrn: „Sie haben keinen Wein mehr." Was tut sie? Sie klagt leise. Sie beschreibt kurz die Situation: „Sie haben den ganzen Wein getrunken." Was tut sie dann? (Wir können es uns vorstellen, wenn wir zwischen den Zeilen lesen.) Sie sieht Jesus an – nicht, um zu sehen, ob er etwas tun wird. Denn das weiß sie schon. Sie sieht in nur mit großer Liebe und mit Vertrauen an, weil sie weiß, daß er die Situation meistern wird. Vielleicht weiß sie nicht *wie*, aber sie weiß, *daß* er sich der Sache annehmen wird. Liebe vertraut und ist abhängig. Sie weiß, daß er sie liebt und daß sie ihn liebt. Ihr Blick auf Jesus ist eine Bitte.

Auch am Fuße des Kreuzes ist Maria kontemplativ. Was tut sie? Sie sieht Jesus voll Liebe an, teilt sein Leiden. Sie ist in einer dunklen Kontemplation, einer Kontemplation ohne jegliches frohe Gefühl. Sie empfindet eine große Traurigkeit, eine furchtbare, übermächtige Traurigkeit, und es herrscht äußerste Dunkelheit. Es ist die Stunde der Macht des Bösen. Dennoch: Maria ist bei ihm in dieser Dunkelheit.

Maria ist sowohl Modell als auch Lehrerin der Kontemplation. Wir lernen von ihr, indem wir sie ansehen und dann tun, was sie tut. Aber was tut sie? Sie sagt nicht viel. Sie sieht den Herrn liebevoll an. Das Magnifikat, Marias Loblied im ersten Teil des Lukas-Evangeliums, können wir zum Beispiel als eine Anleitung zum kontemplativen Gebet lesen. Es ist eine Lektion in Kontemplation, indem es die Eigenschaften des kontemplativen Gebetes darlegt. Bei einer „spirituellen Exegese" dieses Gebetes kann ich Hilfestellung für die Kontemplation erhalten. Das soll heißen, daß ich keine literarische oder kontextuelle Untersuchung des Evangelienabschnitts durchführe, sondern eine persönliche Anwendung von dem versuche, was Maria sagt. Ich versuche eine Anwendung hier und jetzt in meiner Situation (und meine Situation im Moment ist, daß ich mich für Kontemplation interessiere). So gewinne ich Wissen über die Erkenntnis Jesu durch Liebe.

Sehen wir uns einmal die unmittelbar vorausgehende Passage an (Lk 1,39–45):

„Nach einigen Tagen machte sich Maria auf den Weg und eilte in eine Stadt im Bergland von Judäa. Sie ging in das Haus des Zacharias und begrüßte Elisabeth. Als Elisabeth den Gruß Marias hörte, hüpfte das Kind in ihrem Leib. Da wurde Elisabeth vom Heiligen Geist erfüllt und rief mit lauter Stimme: Gesegnet bist du mehr als alle anderen Frauen, und gesegnet ist die Frucht deines Leibes. Wer bin ich, daß die Mutter meines Herrn zu mir kommt? In dem Augenblick, als ich deinen Gruß hörte, hüpfte das Kind vor Freude in meinem Leib. Selig ist die, die geglaubt hat, was der Herr ihr sagen ließ."

Nun brauche ich mir den Abschnitt nur genauer mit einem „spirituellen Auge" anzusehen und kann dabei viel lernen. Lukas beschreibt Maria als „die, die geglaubt hat". So ist sie Modell der Jüngerschaft. Sie ist die Gläubige par excellence. Sie glaubt, daß das, was der Herr ihr verspricht, in Erfüllung gehen wird.

Dann sagt Maria: „Meine Seele preist die Größe des Herrn." Das ist das Erste in der Kontemplation: In ihr läßt der Beter Gott groß sein und preist seine Größe. Kontemplation kennt wenige Worte, ist begriffs- und vorstellungslos. Der Beter ist aufmerksam auf den Herrn. Seine Aufmerksamkeit auf den Herrn ist durch eine besondere Haltung gekennzeichnet. Welche? Ehrfurcht! Ehrfurcht, weil Gott groß ist, weil Gott Gott ist. Wenn ich ihn also in Liebe ansehe, sehe ich ihn auch in Ehrfurcht an. Ehrfurcht ist eine Aufmerksamkeit, die Gott groß sein läßt, die die Größe des Herrn bekennt und preist. Sie lobt ihn und nimmt ihn ernst. Dazu bedarf es weniger oder gar keiner Worte. Überhaupt, es ist so recht kein Platz für Worte. Was willst du sagen? Gleich wie beredt der Lobpreis ist, irgendwann bricht er ab, weil er unangemessen wird. Wenn du Jesus wahrhaftig ernst nimmst als den, der er ist, auferstandener und gegenwärtiger Gott, dann gibt es wenig – fast nichts! – zu sagen. Ihn einfach ansehen, ihn ernst nehmen, in seiner Gegenwart sein, das ist die erste Haltung der Kontemplation.

Eine zweite Eigenschaft finden wir in der Aussage Marias „Mein Geist jubelt über Gott, meinen Retter". Was bedeutet das für uns? Es bedeutet, daß Kontemplation Freude an Gott, meinem Retter, ist. In der Kontemplation habe ich Vergnügen an Gott, meinem Retter. Heißt das, daß Kontemplation immer fröhlich sein muß? Nein, Kontemplation kann manchmal so sein, wie die Marias unter dem Kreuz, und sie ist auch manchmal so. Freude in der Kontemplation bedeutet nur, daß zumindest ein Minimum an Freude, eine Art Friede, in der Kontemplation spürbar ist, wenn es nicht ein Problem gibt. Wie oben ausgeführt, sollte ich zumindest das haben, was der heilige Ignatius „Trost" nennt, Leichtigkeit in meiner Beziehung zum Herrn.

Maria sagt im Magnifikat weiter: „Mein Geist jubelt über Gott, meinen Retter. Denn auf die Niedrigkeit seiner Magd hat er geschaut." Er hat auf die Niedrigkeit Marias geschaut. Niedrigkeit ist also eine wichtige Eigenschaft der Kontemplation. Warum waren die

Schriftgelehrten und Pharisäer keine Kontemplativen? Sie sahen Jesus an, und was er sagte, gefiel ihnen nicht. Sicherlich sahen sie Jesus nicht mit Liebe an. Die meisten von ihnen sahen ihn mit Angst und Unsicherheit an, weil sie nicht „niedrig" waren. Sie waren nicht klein genug, um kontemplativ zu sein.

Was ich in der Kontemplation brauche, ist die Niedrigkeit Marias, die Art der Demut, die empfänglich und empfangsbereit ist für Kontemplation, weil sie passiv ist. Es ist ein empfangender Zustand, in dem ich den Herrn und die Kraft seiner Liebe aufnehme. Der Herr wird zu mir kommen, weil er nicht gekommen ist, die Gerechten und Erhabenen zu retten, sondern die Niedrigen und die Sünder. Er sagte: „Nicht die Gesunden brauchen den Arzt, sondern die Kranken." (Mt 9,12) Ich muß meine eigene Sündhaftigkeit erkennen und annehmen, meine Sündhaftigkeit, meine geistliche Gebrochenheit, meine Unfähigkeit zu beten und offen zu sein für den Geist, den Jesus mir senden will. Es ist nicht nötig, „gut" zu beten. Wir alle hantieren so herum, tun unser Bestes, beten wie wir es können. Und der Herr sieht auf uns in unserer Niedrigkeit und hat Erbarmen mit uns – nicht trotz unserer Sündhaftigkeit, nicht trotz unserer Schwachheit, sondern teilweise wegen gerade dieser Dinge. Liebte er Maria Magdalena weniger, weil sie eine Prostituierte war? Nein! Niemand, der in der Bibel über Maria Magdalena liest, wird diese Frage bejahen. Wenn ich mich Jesus nähere, sieht er auf meine Niedrigkeit. Indem ich diese Niedrigkeit annehme, verwandelt sie sich in Empfänglichkeit für sein Mitleid und seine Liebe. Diese Offenheit hilft mir, in eine kontemplative Beziehung zu ihm zu treten.

Maria fährt fort: „Der Mächtige hat Großes an mir getan." Er, der mächtig ist, hat große Dinge für mich getan – das ist das Geheimnis der Kontemplation. Der Herr wirkt sie. Wenn ich kontemplativ bete, kommt das meiste von ihm, nicht von mir. Ich bin der oder die Empfangende, er ist der Geber. Das, was er mir gibt, ist äußerst schwer zu beschreiben oder zu definieren. Denn er gibt mir sich selbst! Wenn jemand mir sich selbst in Liebe gibt, kann ich ihn oder sie nicht in Kategorien pressen. So kann ich auch die erhabenste Person, das größte Geheimnis nicht ausloten – Jesus. Gott versteht mich, doch er erwartet von mir nicht, daß ich ihn gänzlich verstehe. Er will nur, daß ich ihn annehme und ihn ernstnehme im Geheimnis seines Personseins und im Geheimnis seiner Liebe. Als Antwort auf diese Haltung und Treue von meiner Seite handelt und wirkt er, leitet er und führt mein Gebet.

„Maria, ich bitte dich, nun für mich für die Gnade kontemplativen Gebetes einzutreten. Ich bitte dich, für mich einzutreten, damit der Mächtige in meinem Gebet Großes an mir tun kann, damit er auf meine Niedrigkeit schaut und mir hilft, meine Sündhaftigkeit zu akzeptieren. Ich weiß, daß Jesus mich nicht trotz meiner Sündhaftigkeit liebt, sondern zum Teil gerade deswegen. Hilf mir, und bete, daß ich die Gnaden empfange, die mich zu Frieden,

zu Trost und Freude in meinem Herrn Jesus Christus führen, damit meine Seele seine Größe so preisen kann, wie es die deine tut. Amen."

Wie gehe ich mit Zerstreuungen in der Kontemplation um?

Die meisten Menschen werden gelegentlich in der Kontemplation von Zerstreuungen gequält. Sie können auf Menschen bezogen sein (jemanden, gegen den ich eine Abneigung habe, auf den ich ärgerlich bin, jemanden, für den ich starke Gefühle habe, jemanden, der krank oder in Schwierigkeiten ist . . .) oder auf Dinge (Geld, Pläne, meine Arbeit . .). Solche Zerstreuungen treten auf, wenn jemand oder etwas nicht in meine Beziehung zum Herrn einbezogen ist. Wäre er oder es in meine Beziehung zu Jesus integriert, wären sie keine Zerstreuung. Sie würden mich dann in Gemeinschaft mit Jesus führen, nicht weg von ihm. Daher muß ich bei einer anhaltenden Zerstreuung Schritte unternehmen, die betreffende Sache in mein Leben mit dem Herrn hineinzunehmen. Ich versuche dann nicht, sie zu unterdrücken, sondern ich biete sie dem Herrn im Gebet dar. Das Ergebnis ist, daß sie, statt nur Teil meines Lebens zu sein, Teil unseres (des Herrn und meines) Lebens wird. Das Problem hört auf, bloß am Rande unserer Beziehung zu sein. Ganz im Gegenteil: indem ich es zum Herrn bringe und ihm übergebe, während ich ihn in Liebe ansehe, wird unsere Beziehung gefestigt. So wird die

Beziehung wirklichkeitsnäher, lebendiger. Auch wird der Herr sich um die Dinge kümmern, die ich zu ihm bringe. Obwohl die Probleme, Neigungen oder was auch immer vielleicht nicht verschwinden, sehe ich sie aus einer anderen Perspektive. In der Tat ist diese Bewegung der Zerstreuung fort von der Oberfläche meines Gebetes hin zu ihrer letzten Integration in mein Leben mit dem Herrn einer der wichtigsten Prozesse, bei denen eine Entwicklung in der Beziehung zu Jesus stattfindet. Wenn etwas schief ist in meinem Leben – irgendeine ungeordnete Neigung, die mich gefangen hält –, wird sie unvermeidlich in meinem Gebet auftauchen. Geschieht das, sollte ich sie Jesus in die Hand geben. Das ist einer der Wege, die er mich führt, damit mein ganzes Leben auf ihn ausgerichtet ist. Er will der Herr meines *ganzen* Lebens sein, der Herr all' meiner Beziehungen, all' meiner Probleme (Geld, Menschen, Gesundheit), all' meiner Unternehmungen. Er will, daß ich alles das auf ihn ausrichte. Alles, was nicht auf ihn ausgerichtet ist, wird als Zerstreuung in meinem Gebet auftauchen.

Wenn ich die Zerstreuungen in der Kontemplation so verstehe, gewinne ich die Freiheit und das Gespür dafür, sie in meine Beziehung zum Herrn einzubringen. Ich kann die Notwendigkeit sehen, die Zerstreuungen ihm hinzuhalten, während ich ihn ansehe – in Liebe und in dem Vertrauen, daß er sich ihrer annehmen wird. Durch diese Bewegung werden wir – Jesus und ich – mehr und mehr eins.

Woher kommen Dunkelheit und Trockenheit in der Kontemplation, und was sollte ich tun, wenn ich sie erfahre?

Meine Kontemplation kann sozusagen in Dunkelheit sein, „Licht aus“, eine Wüstenerfahrung von Trockenheit. Diese Dunkelheit oder Trockenheit kann eine reinigende Gnade vom Herrn sein. Ich kann die Dunkelheit annehmen und friedvoll im Herrn bleiben. Kontemplation kann aber auch von richtigem Elend begleitet sein. Ich denke, jeder von uns, der betet, hat das schon einmal erfahren. In diesem Fall habe ich ein Gefühl der Trostlosigkeit in der Kontemplation. Mit einem Wort: Ich fühle mich miserabel. Die Frage ist: Ist das alles wirklich vom Herrn? Nun, die Nacht mag vom Herrn sein, die Dunkelheit kann vom Herrn sein, aber nicht das Elend, nicht die Trostlosigkeit. Was also habe ich zu tun? Nun, ich muß mich hindurcharbeiten. Steh es durch! Halt es aus! Wenn du den Grund des Elends herausfinden kannst, befasse dich damit und bleib treu beim Gebet! Vielleicht gehen die Lichter dann nicht sofort an, aber die Dunkelheit führt nicht mehr dazu, daß du dich so miserabel fühlst.

Es gibt also einen Unterschied zwischen Dunkelheit und Trostlosigkeit. Kontemplation kann sehr oft dunkel sein, trostlos über eine lange Zeit darf sie gewöhnlich nicht sein. Mit Geduld, Ausdauer und Liebe kann ich aus der Phase der Trostlosigkeit herauskommen (hoffnungsvoll je eher desto besser) und hinein in Frieden und ein Gefühl der Richtigkeit in meiner Beziehung zum Herrn. Dann lasse ich ihn fortfahren, mich zu reinigen, jedoch ohne so ein miserables Gefühl.

Ein paar abschließende Worte über Kontemplation

Den Herrn mit ehrfürchtiger Achtung ernstnehmen und Richtigkeit und ein Gefühl von Frieden, das auch ein Gefühl von Freude sein kann – das sind die zwei grundlegenden Elemente der Kontemplation. Sie sind die fundamentalen Elemente der Gabe der Kontemplation, der Gabe, die Gott mir gibt, wenn ich mir jeden Tag Zeit nehme, mit ihm im Geist der Liebe zusammen zu sein. Auch wenn dieses Buch eine Art Anleitung zu sein versucht auf dem Weg zum Herrn, ist doch das Wichtigste ganz kurz zu sagen:

Wenn ich um die Gabe der Kontemplation bitte und beginne, jeden Tag eine bestimmte Zeit darin zu investieren, Jesus still und ruhig in Liebe anzusehen, wird mir die Gabe der Kontemplation sowie Wachstum in dieser Gabe geschenkt werden. Wenn ich Zerstreuungen habe, entmutigt, trocken und fast trostlos bin im Gebet, kann ich mich in die Gnade des Herrn fallen lassen. Jesus ist treu.

Gebet um die Gabe der Kontemplation

„Jesus, ich bitte dich um die Gnade des Gebetes, besonders um die Gnade kontemplativer Gemeinschaft mit dir. Lehre mich, Jesus, dich besser kennenzulernen, auf daß ich dich mehr lieben und dir besser nachfolgen kann. Lehre mich, dich ernst zu nehmen als den, der mich in meinem Leben über alle Maßen ernst nimmt, mich völlig versteht und ohne Bedingung liebt. Herr Jesus, ich gebe dir mein Herz. Ich bitte dich, es zu verwandeln und mich beten zu lehren. Amen."

Weitere Lektürevorschläge

Das beste Buch für alles, was den Herrn betrifft, einschließlich der Gabe der Kontemplation, ist selbstverständlich die Bibel.
Besonders hilfreich dürften folgende Abschnitte sein:
Lukas 10, 38–11,13;
Matthäus 6, 5–15;
Römerbrief 8;
Psalm 139, 1–18
Wie immer sind auch die klassischen Werke zur Kontemplation wertvoll:
Theresa von Avila: Die innere Burg;
Johannes vom Kreuz: Aufstieg zum Berg Karmel
und ebenfalls von ihm: Die dunkle Nacht.

MÜNSTERSCHWARZACHER KLEINSCHRIFTEN

Schriften zum geistlichen Leben

1	A. Grün OSB, **Gebet und Selbsterkenntnis**	(1979)	56 S.	DM	4,80
2	B. Doppelfeld OSB, **Der Weg zu seinem Zelt**	(1979)	64 S.	DM	5,40
3	F. Ruppert OSB/A. Grün OSB, **Christus im Bruder**	(1979)	56 S.	DM	4,80
4	P. Hugger OSB, **Meine Seele, preise den Herrn**	(1979)	84 S.	DM	7,40
5	A. Louf OCSO, **Demut und Gehorsam**	(1979)	55 S.	DM	4,80
6	A. Grün OSB, **Der Umgang mit dem Bösen**	(1980)	84 S.	DM	7,40
7	A. Grün OSB, **Benedikt von Nursia – Seine Botschaft heute**	(1979)	60 S.	DM	5,20
8	P. Hugger OSB, **Ein Psalmenlied dem Herrn,** Teil 1	(1980)	72 S.	DM	6,80
9	P. Hugger OSB, **Ein Psalmenlied dem Herrn,** Teil 2	(1980)	80 S.	DM	7,60
10	P. Hugger OSB, **Ein Psalmenlied dem Herrn,** Teil 3	(1980)	80 S.	DM	7,60
11	A. Grün OSB, **Der Anspruch des Schweigens**	(1980)	72 S.	DM	6,80
12	B. Schellenberger OCSO, **Einübung ins Spielen**	(1980)	52 S.	DM	4,80
13	A. Grün OSB, **Lebensmitte als geistliche Aufgabe**	(1980)	60 S.	DM	5,60
14	B. Doppelfeld OSB, **Höre, nimm an, erfülle**	(1981)	68 S.	DM	6,80
15	E. Friedmann OSB, **Mönche mitten in der Welt**	(1981)	76 S.	DM	7,80
16	A. Grün OSB, **Sehnsucht nach Gott**	(1982)	64 S.	DM	6,40
17	F. Ruppert OSB/A. Grün OSB, **Bete und arbeite**	(1982)	80 S.	DM	7,80
18	J. Lafrance, **Der Schrei des Gebetes**	(1983)	62 S.	DM	6,40
19	A. Grün OSB, **Einreden,** Der Umgang mit den Gedanken	(1983)	78 S.	DM	7,80
20	R.-N. Visseaux, **Beten nach dem Evangelium**	(1983)	68 S.	DM	7,20
21	J. Main, **Meditieren mit den Vätern**	(1983)	56 S.	DM	5,40
22	A. Grün OSB, **Auf dem Wege,** Zu einer Theologie des Wanderns	(1983)	72 S.	DM	7,40
23	A. Grün OSB, **Fasten – Beten mit Leib und Seele**	(1984)	76 S.	DM	7,60
24	G. Kreppold OFMCap, **Heilige**	(1984)	80 S.	DM	7,80
25	G. Kreppold OFMCap, **Die Bibel als Heilungsbuch**	(1985)	80 S.	DM	7,80
26	A. Louf/M.Dufner, **Geistliche Vaterschaft**	(1984)	48 S.	DM	5,20
27	B. Doppelfeld OSB, **Die Jünger sind wir**	(1985)	64 S.	DM	6,80
28	M. W. Schmidt OSB, **Christus finden in den Menschen**	(1985)	44 S.	DM	4,80
29	A. Grün OSB/M. Reepen OSB, **Heilendes Kirchenjahr**	(1985)	84 S.	DM	7,80
30	F.-X. Durrwell, **Eucharistie – das österl. Sakrament**	(1985)	74 S.	DM	7,40
31	B. Doppelfeld OSB, **Mission**	(1985)	60 S.	DM	6,40
32	A. Grün OSB, **Glauben als Umdeuten**	(1986)	66 S.	DM	6,80
33	A. Louf OCSO/A. Grün OSB, **In brüderlicher Gemeinschaft leben**	(1985)	60 S.	DM	6,40
34	C. de Bar, **Du hast Menschen an meinen Weg gestellt**	(1986)	54 S.	DM	5,60
35	G. Kreppold, **Kranke Bäume – Kranke Seelen**	(1986)	87 S.	DM	7,80
36	A. Grün OSB, **Einswerden – Der Weg des hl. Benedikt**	(1986)	80 S.	DM	8,80
37	B. Community, **Regel für einen neuen Bruder**	(1986)	48 S.	DM	5,20